湖北省博物館
HUBEI PROVINCIAL MUSEUM

湖北省博物馆少儿绘本丛书

博物馆里的节日

腊八节

主编 钱 红

WUHAN UNIVERSITY PRESS
武汉大学出版社

“湖北省博物馆少儿绘本丛书”编委会

主　任：

张晓云

副主任：

王先福　　何　广

委　员（以姓氏笔画为序）：

王　亮　　刘家彬　　杨理胜　　周松峦　　赵明明

钱　红　　郭　庆　　黄　娟　　曾　攀　　蔡路武

《博物馆里的节日》编委会

主　编：

钱　红

编　委（以姓氏笔画为序）：

万苏萍　　刘晓琪　　许　筠　　张　婧　　夏　冰

钱　红　　谌　夏　　温　静　　蔡　冰

前　言

越来越多的小朋友走进博物馆，爱上博物馆，爱上博物馆里的文物故事。为此，我们精心打造了《博物馆里的节日》，将 14 个传统节日、7 个公历节日，分别与湖北省博物馆里的 21 件文物瑰宝链接起来。我们精心设计了湖北省博物馆的文物守护精灵“北北”，还有她的好朋友“湖湖”，让他们带着大家一起穿越时光，了解每个节日的由来；体验每个传统节日的习俗，这些习俗都是中华民族在漫长的历史长河中不断凝聚的宝贵财富，值得我们传承；配上了与文物相关的成语故事、神话故事或历史故事；设置了有趣的“互动问答”，让小朋友在轻松愉快的氛围中学习科普知识。小朋友还可以邀请家长扫描书中的二维码，拓展更广阔的“悦读”空间，了解更多的传统文化，让先民留给我们的精神财富得以传承和弘扬。

钱红

2022 年 11 月

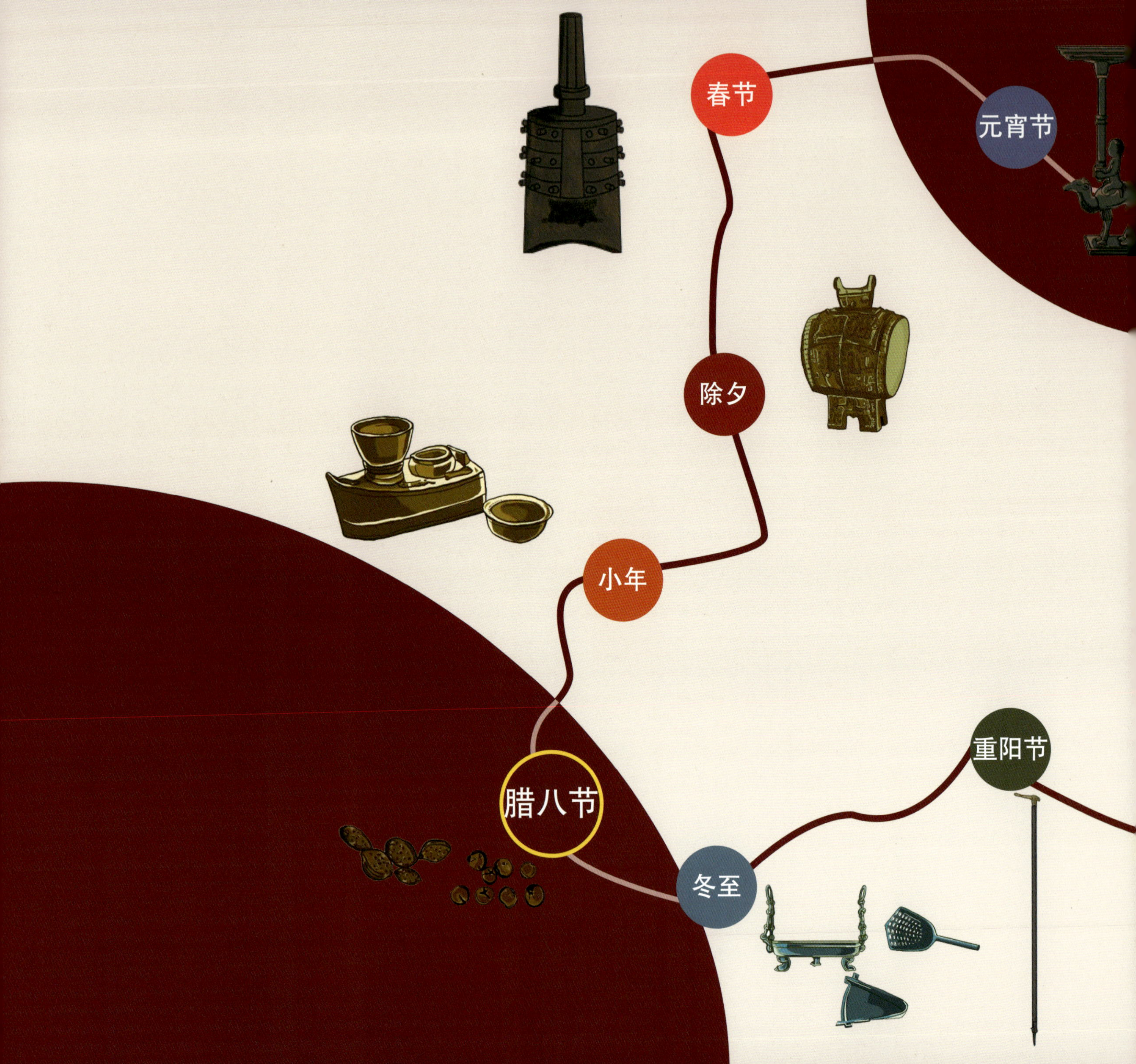
春节
元宵节
除夕
小年
腊八节
重阳节
冬至

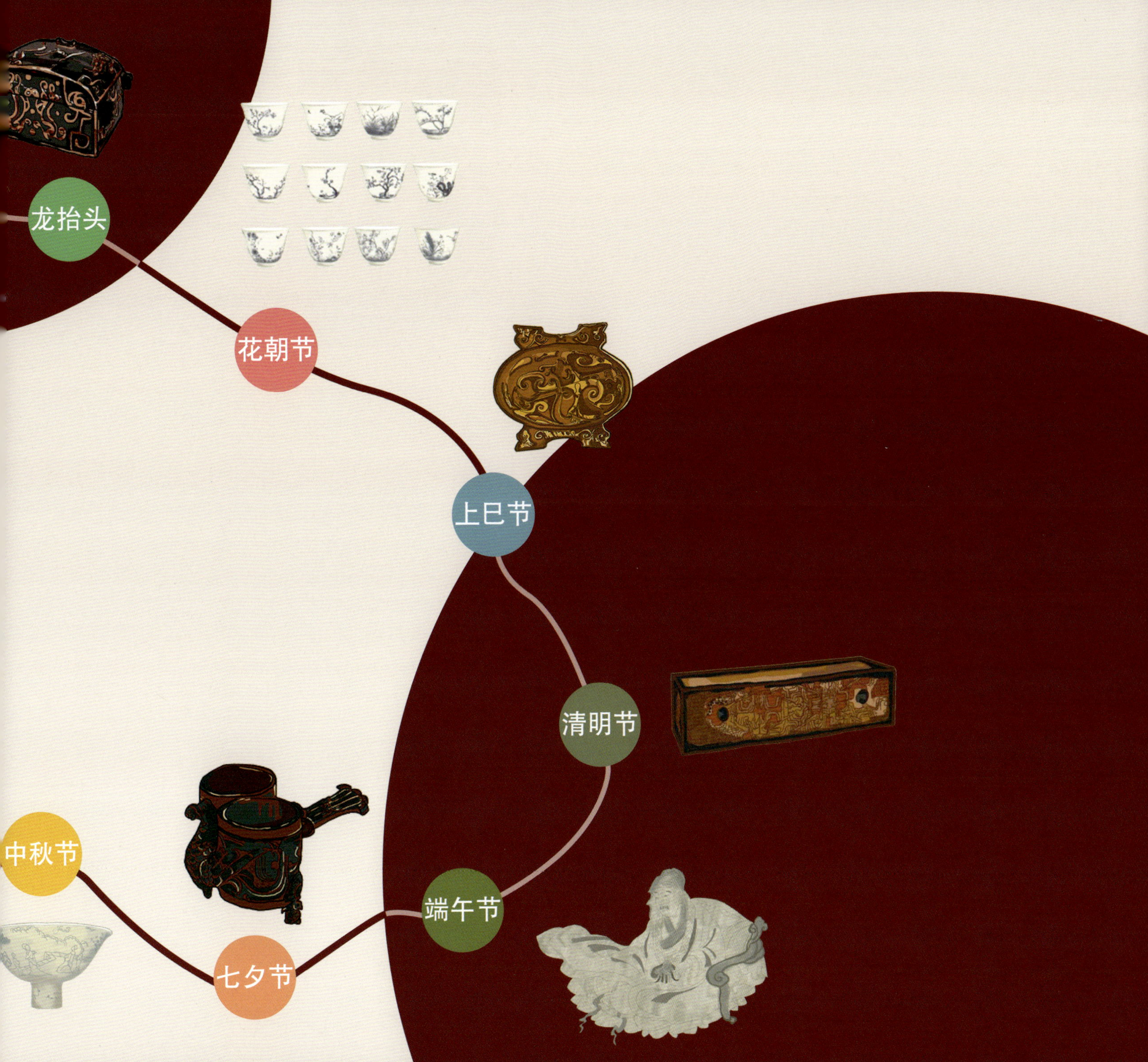
龙抬头
花朝节
上巳节
清明节
端午节
七夕节
中秋节

你好！我叫北北，是湖北省博物馆的文物守护精灵。我可以穿梭时光，带你体验不一样的博物馆节日氛围。旁边是我的好朋友——湖湖。

我们都喜欢湖北省博物馆里的文物，也喜欢听文物背后的故事！这些故事和我们传统节日也有关哦！

开锅便喜百蔬香

——腊八

腊八粥

（清）王季珠

开锅便喜百蔬香，差糁清盐不费糖。
团坐朝阳同一啜，大家存有热心肠。

古诗知识拓展

节日由来
原来“腊祭”就是用猎取的猎物祭祀啊！

农历十二月初八是腊八节。可能源于古代腊祭。“腊”与“猎”古时相通，“腊祭”指古人用猎取的猎物祭祀，祈求平安吉祥，一般在农历十二月举行，所以将十二月称为“腊月”。

腊八粥

腊八粥的主要食材为杂粮以及栗子、杏仁、桃仁等。将这些食材熬制成粥，即为腊八粥。腊八粥源于宋代，距今有1000多年的历史。

煮好的粥真香啊！

腊八豆腐

安徽黔县有晒制腊八豆腐的习俗。

腊八蒜

用醋泡蒜，碧绿好看且美味。

腊八面

陕西关中有吃腊八面等习俗。

腊八面好香！

文物链接

古代农作物

湖北出土了 8000 年前到 4600 年前的稻谷壳和稻谷，以及 2000 年前的板栗、果核等。古时，人们用它们煮成软糯可口而且有营养的腊八粥。

神话故事
神农传五谷：传说开天辟地的时候，人们不懂得种地。后来是神农氏教大家播种五谷，摸清各种农作物生长习性，总结出耕种经验。

互动问答

大家是不是对腊八节有了一些了解呢？现在来和我一起看看后面的题目吧。

1. 腊八节在每年农历的什么时候？（ ）

A. 腊月初一　B. 腊月初八　C. 腊月初十

2. 腊八节的节日食品有（ ）。

A. 腊八粥　B. 汤圆　C. 糯米饭

3. 湖北出土了大量距今 8000 年到 4600 年的稻谷壳、稻谷，表明早在 8000 年到 4600 年以前，荆楚大地就已经开始种植（ ）了。

A. 板栗　B. 水稻　C. 水果

4. 传说是（ ）教会大家播种五谷。

A. 盘古　B. 女娲　C. 神农

答案

图书在版编目(CIP)数据

博物馆里的节日.腊八节/钱红主编.—武汉:武汉大学出版社,2023.5
湖北省博物馆少儿绘本丛书
ISBN 978-7-307-23746-9

Ⅰ.博…　Ⅱ.钱…　Ⅲ.节日—风俗习惯—中国—少儿读物　Ⅳ.K892.1-49

中国国家版本馆 CIP 数据核字(2023)第 078619 号

责任编辑:李　玚　　　责任校对:李孟潇　　　装帧设计:何家辉　赵　婷

出版发行:**武汉大学出版社**　(430072　武昌　珞珈山)
(电子邮箱:whu_publish@163.com)
印刷:武汉市金港彩印有限公司
开本:880×1230　1/16　印张:25　字数:157 千字
版次:2023 年 5 月第 1 版　　2023 年 5 月第 1 次印刷
ISBN 978-7-307-23746-9　　定价:298.00 元(全 15 册)

版权所有,不得翻印;凡购买我社的图书,如有质量问题,请与当地图书销售部门联系调换。